Engelshauch und Delfingeflüster

Angelika Arnolds

Engelshauch und Delfingeflüster

Ein Handbuch für den Umgang
mit den Engeln des Himmels
und des Meeres

ch. falk-verlag

Originalausgabe

Umschlaggestaltung: Ch. Falk u. Ch. Riecken

Satz: P S Design, Lindenfels
Druck: Druckerei Sonnenschein, Hersbruck
Printed in Germany

ISBN 3-89568-191-2

Inhalt

Vorwort

In diesem Buch möchte ich dir den Zugang zu den Engeln und Delfinen auf eine leichte und spielerische Art zeigen. Die Anrede *du* erleichtert uns den Zugang zueinander. Seit 1990 bin ich nun schon auf dem spirituellen Weg. 1999 bekam ich auf wundersame Weise Kontakt zu den Engeln und zu den Delfinen. Eine Krise lehrte mich, mehr mit ihnen in Verbindung zu treten. Aus einer nicht so schönen Situation entstand ein himmlischer Zugang. Seitdem begleiten mich diese Wesen.

Und ich möchte dich einladen, auch den Kontakt zu ihnen zu finden: „Komm mit!"

Engel sind Boten Gottes. Wenn du den Zugang zu Gott hast, ist dies sehr gut. Wenn nicht, können dir die Engel dabei helfen, dich unterstützen und leiten. Leicht und beschwingt bringen sie dir Gott näher, erleichtern mit ihren zarten Schwingungen den Alltag deines Lebens.

Öffne einfach dein Herz!

Delfine sind Engel der Meere. Sie nehmen gerne Kontakt mit dir auf. Auch hier geht dies ganz einfach über eine offene Bereitschaft von deiner Seite aus. Vielleicht hast du ja auch einen Delfin als deinen Schutzengel?

Schutzengel-Meditation

Ein Schutzengel ist der Begleiter, der dir in allen Inkarnationen zur Seite steht. Er wartet nur darauf, dass du zu ihm Kontakt aufnimmst. Dies kannst du nun tun:

Setze dich an einen ruhigen und angenehmen Ort. Lege die rechte Hand mit der Handinnenfläche nach oben auf den rechten Oberschenkel, die linke Hand mit der Handinnenfläche nach unten auf den linken Oberschenkel. Gehe mit deiner Aufmerksamkeit in deine Füße und stelle dir vor, dass Wurzeln aus den Fußsohlen in den Boden wachsen. Hiermit erdest du dich – das ist wichtig!

Schließe deine Augen – später kannst du vielleicht auch mit offenen Augen wahrnehmen. Sammle deine Aufmerksamkeit im Herzraum und bitte deinen Schutzengel in deinen eigenen Worten zu dir.

Warte und lausche … … … …

Na, wie fühlt sich das an?

Um aus der meditativen Stimmung wieder herauszukommen, atme ein paarmal tief ein und aus, erde dich nochmals, bewege deine Füße, deine Hände und recke dich. Komme so wieder zurück in das Alltagsgeschehen!

Zeichen der Engel

Manchmal machen sich die Engel so bemerkbar:

Glücksgefühle
Kribbeln auf der Haut
Wärme, Lichter oder Farben
Visionen
leichter Windhauch
angenehmer Geruch
zarte Berührungen
innere sanfte Stimme
Flirren der Luft
ein Duft oder angenehmer Geruch
nach Weihrauch oder Blumen

Stelle dir vor, du gehst auf der Straße spazieren und vor dir liegt eine Feder. Dies kann ein Zeichen der Engel sein.

Bitte sie doch einfach, dir Zeichen zu geben.

Dann sei achtsam und schaue und höre. Ich habe schon an den unmöglichsten Stellen Federn gefunden. Oder mir lächelte ein Mensch einfach zu oder half mir. Du wirst denken: Na und? Man kann ja alles auf die Engel beziehen. Klar, kann man! Das mache ich jeden Tag und – es schadet nicht und macht einen Riesenspaß. Probiere es für dich aus und du wirst nie wieder das Gefühl haben, alleine zu sein. Die Engel freuen sich über diese Zuwendung, sie wachsen auch mit den Aufgaben, die du ihnen gibst. – Wie?

Aufgaben an die Engel

Schlüssel verlegt? Bitte die Engel, dir bei der Suche zu helfen.

Als ich einmal einen Ohrring verloren hatte, bat ich die Engel um Hilfe. Nichts. Ich suchte und suchte und dachte so bei mir: „Na, wer weiß, wofür das mal wieder gut ist.“ Also gab ich auf und ging die Kellertreppe hoch. Unter meinem Pantoffel knirschte es. Und rate mal, was darunter war: fein säuberlich eingeklemmt, mein Ohrring! Das gab natürlich erst einmal ein herzhaftes Lachen über diesen Scherz und ein Dankeschön.

Übrigens solltest den Engeln immer danken!

Wie wäre es, bei der Parkplatzsuche einen Engel zu beauftragen? Versuche es!

Bei einer Problemlösung könnte es sein, dass du im Radio „zufällig“ einen Satz aufschnappst, der dir bei der Lösung deines Problems hilft. Oder dein Blick fällt auf eine Zeitung und – Bingo, die Antwort ist da! Oder es begegnet dir jemand, der dir genau das erzählt, was du brauchst. Es gibt so Vieles, was du tun kannst, lasse einfach deiner Fantasie freien Lauf und probiere es aus.

Oft werde ich gefragt, warum ich die Engel mit solchen „Kleinigkeiten“ belästige. Aber warum nicht? Dadurch bekomme ich einen immer tieferen und natürlicheren Zugang zu ihnen und kann so immer feinfühliger werden. So lernen wir auch, auf ihre Antworten zu hören und ihre Hilfe anzunehmen.

Der Name deines Schutzengels

Kennst du den Namen deines Schutzengels? Stimme dich wieder ein, wie vorher beschrieben, und bitte deinen Schutzengel, dir seinen Namen zu sagen. Wenn es an der Zeit ist, wird er ihn dir sagen. Meist ist der Name schon da, bevor du lange fragst. Lerne deiner Intuition zu trauen und höre, es macht Freude, und sei gelassen. Erzwingen lässt sich auf diesem Gebiet nichts.

Meinen Schutzengel lernte ich über meine Träume kennen. Nacht für Nacht rief ich sehnsuchtsvoll einen Namen. Er war mir ganz unbekannt. Visionen folgten. Bis mir eines Nachts klar wurde, dass ich nach meinem Schutzengel rief. Der Name war zuerst da. Er ist ein wunderschöner Delfin, denn auch Tiere können Schutzengel sein.

Ein oder mehrere Engel?

Die Anzahl der dich begleitenden Engel kann wechseln. Zu meinem Abendritual gehört Folgendes: Nach meiner Meditation frage ich, wie viele Engel bei mir sind. Dann bekomme ich bildhaft vor dem linken Auge eine Zahl. Oft werde ich gefragt, ob ich sie zähle. Das wäre zu mühselig, denn es sind von 1 bis 134. Danach frage ich sie, ob sie sich mir vorstellen möchten, oder eine Botschaft für mich haben. So habe ich jeden Abend den Zugang zu ihnen und erhalte, wenn es wichtig ist, ihre Informationen. Das ist sehr spannend.

Aus welchem Reich kommt der Kontakt?

Bist du dir nicht sicher, ob ein Wesen aus dem lichten Reich kommt, frage es dreimal: „Im Namen Gottes, bist du ein Engel des Lichtes und der Liebe?“

Im Namen Gottes können andere Wesen nicht lügen. Achte auf ein dreimaliges Ja. Ansonsten schicke dieses Wesen in Liebe weg.

Übrigens, Engel sind immer sanft, sagen nichts über deine Zukunft voraus und sind immer liebevoll. Fühlst du Kälte oder Unbehagen, schicke die Wesen in Liebe weg. Wenn du Zugang dazu hast, kannst du auch einen Lichtkreis um dich ziehen oder Gott bitten, nur Engel des Lichtes und der Liebe zu dir zu schicken. Dies funktioniert sehr gut.

Auf die innere Stimme hören

Hast du schon einmal eine Grenzsituation erlebt? Beim Autofahren einem Unfall entgangen, oder du bist „gestoppt" worden und erfährst später, dass dort etwas passiert ist. Auch hier sind die Engel im Spiel. Danke ihnen!

Auf einem Familienausflug: Wir fahren auf der Autobahn, die Kinder auf dem Rücksitz, mein Mann fährt und fährt plötzlich auf eine Raststätte. Keiner von uns möchte die Toilette aufsuchen. Wer Familie hat, weiß, wie selten das vorkommt! Mein Mann meinte, er müsse dringend eine Pause machen. Als wir wieder losfuhren, kamen wir an einem Verkehrsunfall vorbei. Da erzählte er mir, eine innere Stimme hätte ihm zu einer Rast geraten. Wir dankten den Engeln, dass wir so einem Unfall entgangen sind, und ich, dass mein Mann diese Stimme gehört und ihr vertraut hatte.

Begegnung im Alltag

Du kannst die Engel in dein tägliches Leben einbeziehen, mit ihnen reden wie mit einem Freund oder einer Freundin.

Zu meinem Morgenritual gehört, dass ich mich für die Begleitung in der Nacht bedanke und die Engel bitte, mich in den Tag zu begleiten, mich zu schützen, wo ich Schutz bedarf, mich zu behüten, mich zu führen, wo ich der Führung bedarf.

Finde deine eigenen Rituale. Z. B. ein Engelaltar in deiner Wohnung, eine Kerze, die dich an sie erinnert, Engelbilder, Federn. Einfach das, was du mit Engeln in Verbindung bringst.

Rituale sollen immer für dich stimmig sein, sonst bringen sie einfach nichts. Höre auf deine innere Stimme. Du kannst sie schulen mit kleinen Dingen im Alltag: Wer ruft da gerade an? Wer klingelt an der Tür? Wer denkt gerade an mich? du kannst diese Spiele auch mit einem anderen Menschen deines Vertrauens spielen.

Wünsche an die Engel

Wie wäre es mit Wünschen? Auch hier kannst du die Engel bitten. Aber es geschieht immer nur das, was auch in deinem Lebensplan in der höheren Ordnung ist. Das heißt, wenn es für dich bestimmt ist, einen nicht so leichten Weg zu gehen, dürfen die Engel nicht eingreifen.

Sie haben keinen eigenen Willen und halten sich an die höhere Ordnung. Dort gibt es auch keine Zeit wie hier auf Erden. Also formuliere deine Wünsche und Bitten weise und immer zum Endergebnis hin.

Ein Beispiel: „Bitte, mein Heilengel, befreie mich von meiner Krankheit.“ Besser: „Bitte, mein Heilengel, lasse mich gesund sein.“ Visualisiere immer das Endergebnis. Du kannst deiner Formulierung anschließen: dass das Gewünschte richtig für alle Beteiligten ist und zu der Zeit zu dir kommt, wenn es der richtige Zeitpunkt ist. Ein: kein, nicht, aber, wenn….. gibt es in der Welt der Engel nicht und sie können es nicht verstehen, denn es gibt dort keine Zeit. Manchmal muss man dann eben doch etwas warten.

Meine Vorstellung geht dahin, dass ich mir das Universum wie ein riesiges Netzwerk vorstelle. Ich sende etwas aus, die Verbindung wird gesucht und hergestellt. Das braucht natürlich seine eigene Zeit. Aber auch hier lasse deine Intuition fließen und deine eigene Stimmigkeit.

„Engeldienste“

Wenn du unterwegs bist, kannst du die Engel bitten, für eine sichere Fahrt zu sorgen. Das mache ich sehr oft. Nach der Fahrt bedanke ich mich dann. So habe ich immer ein sicheres Gefühl.

Oder einen Hausengel bitten, dein Haus zu behüten. Manchmal verlassen wir das Haus mit einem unsicheren Gefühl. So habe ich mir einen Hausengel gewünscht und betraue ihn nun mit dem Hüten des Hauses oder auch mit der Reinigung. Damit meine ich natürlich nicht mit dem Putzeimer, sondern: Ist z. B. Streit im Haus gewesen oder Besuch, verändert sich die Schwingung im Haus. Hast du schon einmal erlebt, dass du einen Raum betrittst und du hast das Gefühl, die Luft ist „dick“? Dann kann es sein, dass die Schwingung nicht in Ordnung ist. Dann kann ein Engel die Reinigung vollziehen. Es geht ganz einfach: Bitte die Engel, diesen Raum zu reinigen und in eine für dich angemessene Schwingung zu bringen. Warte ab: Wenn du möchtest, kannst du noch ein Fenster öffnen und dir vorstellen, wie die schlechte Luft hinauszieht. Meist fühlst du den Unterschied sehr schnell. Das Gleiche kannst du mit deinem Auto, dem Arbeitsplatz, deinem Haus machen.

Mein Fahrrad schließe ich übrigens nicht mehr ab, weil ich die Engel bitte, auf es zu achten. Du wirst denken: „leichtsinnig.“ Mag sein, aber wenn die Dinge geschehen sollen, geschehen sie eben, auch mit einer abgeschlossenen Kette.

Als ich in Frankreich war, wurden auf dem Campingplatz sehr viele Fahrräder gestohlen. Alle waren sehr bemüht, mit vielen Schlössern ihre Räder zu sichern. Ich dachte so bei mir: Es geht doch viel einfacher mit der Hilfe der Engel. Mein Fahrrad stand immer an seinem Platz, nicht abgeschlossen!

Das ist allerdings meine Erfahrung und das Urvertrauen in mir. Ich möchte dich nicht dazu auffordern, leichtsinnig zu sein.

Das ist eben meine Art und Weise mit den Dingen umzugehen! Du darfst deine eigenen Erfahrungen machen!

Engel der Heilung

Einmal wurde ich von einer Frau gebeten, doch mit ihr mit dem Heilengel zu arbeiten. Da ich das in dieser Form noch nicht praktiziert hatte, war ich selber neugierig, was geschehen würde.

Als sie bei mir war, legte sie sich entspannt auf meine Behandlungsliege, warm eingekuschelt in eine Decke. Und ich dachte: „Und nun?“ Dann begann ich die Verbindung zu den Engeln aufzubauen. Alles Weitere geschah dann ganz von selbst. Ich bat die Engel der Heilung, der Frau bei der Genesung zum Heilsein zu helfen.

Beide warteten wir und waren offen für die Bilder und das Geschehen. Es war einfach wundervoll, mitzufühlen, wie sich die Heilung, in dem Sinne, wie die Engel es vollziehen durften, geschah.

Diese Frau berichtete mir unter Tränen, wie wundervoll geborgen und getragen sie sich gefühlt hatte. Es war auch eine schöne Erfahrung für mich.

Also, dann bitte doch mal die Engel der Heilung zu dir! Stimme dich wie gewohnt ein und schaue und fühle, was geschieht! Vielleicht ein Wunder?

Engel – Verbindungsbilder

Eine Freundin von mir hatte schon lange Engelkontakte und berichtete mir eifrig davon. Von Gefühlen, vom Schwirren in der Luft, vom „Schimpfen“ und Reden mit ihnen. Ich hörte immer begeistert zu und bemühte mich, Kontakt mit ihnen zu bekommen. Doch ich versuchte es zu erzwingen! So misslang es einige Zeit.

Im Urlaub, in einer entspannten Atmosphäre – ich las gerade ein Buch über Engel – flog auf einmal ein Schmetterling auf das Buch. Begeistert schaute ich auf dieses zarte Wesen und dachte: „Ach, so sehen Engel aus!“ Fortan hatte ich die Verbindung – Schmetterlinge = Engel. So bekam ich mehrere Male am Tag den Impuls, an sie zu denken und mich mehr und mehr ihrer Schwingung zu öffnen.

Vielleicht hast du auch so einen „Ankerpunkt“?

Probiere es doch einfach mal aus, ob die Engel dir etwas zeigen, wodurch deine Aufmerksamkeit auf sie gelenkt wird.

Lustige Engel?

Manchmal habe ich einen Lachengel bei mir. Ja, und das ist überaus erheiternd, wie du dir vielleicht vorstellen kannst. Plötzlich fange ich an zu lachen. Dann spüre ich das Lachen tief in mir und kann gar nicht mehr anders, als anzufangen zu lachen. Doch Vorsicht – manche Menschen befremdet das sehr. Du wirkst dann sehr komisch auf Andere. Na, ist schon ein Lachen auf deinem Gesicht? Bei mir schon.

Heiterkeit erfreut die Engel und die Schwingung fühlt sich gleich anders an. Manchmal tut es einfach gut, auch mal über sich selber zu lachen. Probiere es aus.

Malen in und mit der Energie der Engel

Ein anderer Zugang zu den Engeln ist das Malen. Wenn der innere Impuls da ist, d. h. der Wunsch zu malen oder die Vorstellung eines Bildes, dann setze dich hin und male. Diese Bilder werden dann Energie-Engel-Bilder. Sie strahlen eine sehr hohe Schwingung aus. Dabei kommt es nicht darauf an, dass du „schön, exakt" malst. Verwende Farben, Materialien, die dir im Moment in den Sinn kommen. Es ist schon richtig. Vertraue auch hier dem Inneren. Es darf ein Bild entstehen, das frei ist von dem Zwang: „so muss es sein, so ist Kunst". Male in Freude und so, wie es aus dir herausfließt.

Jedes eigene gemalte Bild hat etwas mit dir und der Schwingung zu tun. Manchmal ist es ein „Heilbild" für dich, manchmal „zeigen" dir die Engel etwas über das Bild, oder du darfst in ihrer Schwingung sein. Manchmal zeige ich es Freunden, und sie können mir genau den „Inhalt" des Bildes sagen. Wenn ich mich in die „Schwingung" eines anderen Menschen versetze, kann ich so ein Energie-Engel-Bild auch für jemand anderen malen. Natürlich frage ich vorher, ob das in Ordnung ist.

Intuitives Schreiben mit den Engeln

Eine andere Methode, die du ausprobieren kannst, ist das Schreiben mit den Engeln. Als Vorbereitung kannst du meditieren oder dich einfach in Ruhe hinsetzen und die Engel bitten, dich in ihre Schwingung zu nehmen. Lege vorher ein paar Blätter und einen Stift bereit. Auf ein Blatt notiere deine Fragen. Wenn du keine Fragen hast, nimm ein Blatt und höre auf deine innere Stimme und fange, ohne zu überlegen an zu schreiben. Du kannst auch mit der linken Hand schreiben, sie kommt von der Herzseite.

Wenn du das Gefühl hast, der Verstand kommt zu sehr ins Spiel, wenn z. B. die Rechtschreibung Vorrang hat oder deine Gedanken abschweifen, sammle dich wieder und schreibe weiter. Manchmal geht das Schreiben so schnell, dass du mit dem Stift gar nicht mitkommst. Du wirst überrascht sein, wie fließend und einfach die Antworten zu dir kommen. Lasse es zu. Wenn es stockt, kann es sein, dass das erreichte Maß für dich voll ist.

Danke danach den Engeln, erde dich wieder und lies den Text.

Kommst du nicht hinter den Sinn, lege das Blatt für ein paar Tage weg und schaue es dir dann später nochmals an.

Es kann auch sein, dass dich die Engel mit einem dir unbekannten Namen anreden. Unter Umständen kann das dein Ewiger Name sein. Ich nenne ihn so, ich glaube, dass es einen spirituellen Namen gibt, den wir immer und vor allen Inkarnationen hatten. Die Anrede meiner Engel ist meist: „Meine Liebe".

Unterschreiben tun sie auch sehr gerne. Hier kannst du den Namen des Engels erfahren, mit dem du Kontakt aufgenommen hast. Es kann auch sein, dass er mit einem „Zeichen“ unterschreibt.

Denke oft am Tag an sie, rede mit ihnen, laut oder leise, so wie du magst. Meditiere mit ihnen und lerne, ihre zarten Worte und Schwingungen wahrzunehmen.

Kontakte über Partnerübungen vertiefen

Eine wunderschöne Partnerübung ist folgende:

Setze dich einer dir vertrauten Person gegenüber. Macht vorher ab, wer zuerst Kanal für den Anderen ist. Hier ist es schön, die Hände offen zu halten. Begebt euch in einen Lichtkreis. Die Person, die Kanal für die Andere ist, öffnet sich, das heißt, „hört" auf Informationen. Hierzu gehört auch viel Vertrauen, das Gehörte oder Erlebte in Sprache zu fassen und dem Anderem mitzuteilen, auch wenn es sich unsinnig anhört. Vertraue und sprich, es ist schon richtig. Danach ist die andere Person Kanal oder man kann auch sagen – Mittler. Nach der Übung bitte wieder erden – und bedankt euch!

Nach meinen Erfahrungen klappt diese Übung mit Fragen nicht so gut. Dabei spielt das Über- und Unterbewusstsein eine Rolle. D. h. du kannst zwar eine Frage verbal ausdrücken, aber das Unterbewusstsein möchte etwas ganz Anderes wissen. So kam es in den Seminaren immer wieder zu „nicht" beantworteten Fragen, und ich ging dazu über, den Engeln die Führung zu überlassen. Das erscheint mir sowieso viel besser, denn da kommt genau das durch, was der Mensch braucht.

Die Öffnung zur Schwingung

Vor meinen Engel-Seminaren bereitete ich mich immer vor: Meditation, geführt; Wiese, Hügel, Farben, Gefühle usw.

Aber – die Engel brachten alles durcheinander, wenn ich das mal so schreiben darf. Also öffnete ich mich, brachte mich in die Schwingung, und die Engel übernahmen die Führung. Im Prinzip stelle ich meinen Körper und meine Stimme zur Verfügung. Danach hörte ich von den Teilnehmern: „Woher wusstest du, dass ich.......“ „Du sprachst eine langersehnte Antwort auf ein Problem aus.“ „Das war genau heute mein Thema.“

Wenn du weiter auf diesem Weg fortschreitest, wirst du auch lernen, als Mittler/in zu handeln. Übe!

Engel möchten übrigens nicht angebetet werden. Dies behalte bitte nur Gott vor.

Erfahrungen

Eine Kursteilnehmerin, alleinerziehende Mutter, selbstständig tätig, berichtete mir:

„Im Februar kamen mal wieder alle Rechnungen. Ich war verzweifelt und wusste nicht, wie ich sie bezahlen sollte. In meinem Terminkalender standen einfach zu wenige Aufträge. So kam mir die Idee, zwei Engel vor meinem Geschäft zu positionieren und sie zu bitten, Kunden in meinen Laden zu bitten. Stelle dir vor, mein Terminkalender ist nun voll, und ich kann alles bezahlen und sogar noch gut mit meiner Tochter davon leben."

Eine andere alleinstehende Frau hatte abends immer Angst in ihrer Wohnung. Ihr fiel ein, die Engel zu bitten, in jeder Ecke ihrer Räume zu stehen, vor der Wohnungstür und sie zu beschützen und auf sie aufzupassen. Fortan schlief sie sehr gut und vollkommen ohne Angst.

Eine Freundin erzählte: „Ich bat die Engel, mir einen Mann zu schicken. Er sollte folgende Kriterien erfüllen: liebevoll, zuversichtlich, rücksichtsvoll, finanziell unabhängig, ein Haus, liebevoll zu meinen Kindern und endlich jemand, der mich mal „trägt" und für mich da ist. Bei einem Kurs, den ich eigentlich in dieser Form nicht buchen wollte, lernte ich diesen Mann kennen. Und stell dir vor, er hat auch noch ein Haustier, eine Katze, die ich mir doch auch schon immer gewünscht hatte."

Diese Frauen haben ihre Wünsche und Ziele exakt formuliert und in dem Zeitraum erhalten, der richtig für sie war. Die Engel unterstützten sie.

Ein Mann bat die Engel immer, ihm bei seiner schweren Arbeit zu helfen. Der Rücken war arg in Mitleidenschaft gezogen. Bei der Arbeit ging alles ohne Schmerzen, doch kaum war er zu Hause, meldete sich der Rücken. Sein Ansinnen ging dahin, nur die Arbeitszeit beschwerdefrei zu haben, dabei halfen ihm die Engel.

Hier könnte man das Ziel anders formulieren und den Engeln mitteilen.

Na, fällt dir dazu eine passende Formulierung ein?

Die energetische Wahrnehmung vertiefen

Da wir alle auch Energiewesen sind, können auch andere Menschen zu uns energetische Verbindungen herstellen. Du kannst zum Fühlen deiner eigenen Aura folgende Übung durchführen:

Setze dich mit geradem Rücken hin, schließe deine Augen und konzentriere dich nur auf deine Hände. Fühle sie ganz genau und sei mit deiner Aufmerksamkeit nur in den Händen. Hebe die angewinkelten Arme etwa in Bauchhöhe, stelle die Hände so auf, dass die Handinnenflächen zueinander schauen. Fühle intensiv zwischen die Hände, führe sie langsam zueinander und spüre die Energie dazwischen. Spielerisch bewege die Hände aufeinander zu und wieder weg.

Zwischen den Händen kannst du etwas wahrnehmen. Hat es funktioniert?

Es kann sich anfühlen, als würdest du gegen einen Widerstand fühlen, oder es kribbelt, Wärme, ein Anziehen oder Wegstoßen.

So kannst du deine eigene Aura, dein Energiefeld ertasten. Jeder Mensch, Tier und Gegenstand hat eine Aura. Auch hier sind deiner Phantasie keine Grenzen gesetzt zum Ausprobieren.

Sind Menschen nahe beieinander, sind sie schon in der Aura des anderen. Du merkst es, wenn dir ein Mensch zu nahe kommt, den du nicht gut leiden kannst. Automatisch weichst du ein Stück zurück.

Erzengel Michael – Verbindungen

Nun kann es passieren, dass andere Menschen dich „anzapfen", energetische Verbindungs-Schnüre in deinem Energiefeld lassen. Dies geschieht bewusst oder unbewusst. Menschen, die sich mögen und lieben, haben auch diese Verbindungen. Doch als Menschen sollten wir frei sein, damit wir jede Sekunde in unserem Leben frei und ungebunden agieren können. Hierbei hilft uns nun der Erzengel Michael. Du kannst die Bitte aussprechen, dass er alle energetischen Verbindungen, die dir schaden, in Liebe durchtrennt. Das geschieht sehr schnell und du kannst es, wenn du aufmerksam bist, auch merken.

Manchmal habe ich „etwas" im oberen Rücken. Es fühlt sich dunkel an und schmerzt. Einfach nur unangenehm. Dann bitte ich Erzengel Michael, mir zu helfen. Der Schmerz geht dann direkt weg. Wenn ich ganz ruhig bin, gehe ich einige Namen im Geiste durch und bekomme von den Engeln den Impuls, welche Person da gerade an mir dranhängt. Das kann sogar in „bester" Absicht dieser Person sein, aber mein Gefühl signalisiert: „nicht gut!" Mut gehört dann dazu, wenn dies des Öfteren von einer bestimmten Person kommt, mit ihr darüber zu reden und sie zu bitten, das zu lassen. Da arbeite ich auch noch dran!

Aber: An einem Engelabend bat ich meine Teilnehmer/innen doch bitte nicht so heftig an mir zu „hängen". Ich wäre mir auch so ihrer Liebe zu mir bewusst. Schon am nächsten Tag stellte ich eine erhebliche Erleichterung fest. Als wäre etwas von mir genommen worden!

Du kannst auch in solchen Situationen deinen Schutzengel bitten, Kontakt mit dem Schutzengel der anderen Person aufzunehmen, um eine Situation zu entschärfen oder einfach nur Liebe zu senden. So könntest du deinen Schutzengel beauftragen: „Bitte, sage dem Schutzengel von …, dass es mir leid tut, was da passiert ist. Und sage ihm bitte, dass er das … übermittelt. Danke!“

„Bitte übersende dem Schutzengel von … Liebe und sage ihm/ihr, dass ich oft an ihn/sie denke. Er möchte dies an … übermitteln.“

Dein Schutzengel wird dir da hilfreich zur Seite stehen. Du kannst das Ergebnis an diesem Menschen feststellen. Wundere dich nicht über manche Reaktionen. Es könnte sein, dass dir diese Person bei der nächsten Begegnung einfach um den Hals fällt oder ganz freundlich die Tageszeit sagt.

Bitte, achte aber darauf, dass du niemanden zu manipulieren versuchst.

Weitere Beispiele, wie du die Engel in deinen Alltag mit einbeziehen kannst

Probleme mit dem Computer oder anderen Geräten? Mein Computerengel hilft mir sehr, nachdem ich oft verzweifelt meinen Sohn rief, weil der Computer einfach nicht machen wollte, was ich so dachte, oder weil nichts mehr funktionierte. So beschloss ich eines Tages, mir die Hilfe eines Engels zu holen, der mir nun fleißig bei meiner Arbeit mit dem Computer hilft. Ich fühle mich so einfach auch sicherer und alles geht leichter von der Hand.

Mein Mann bat mich, für ihn einen Reperaturengel zu bestellen. Also bat ich einen Engel um Hilfe. Später fragte ich meinen Mann, ob er den Fehler am Motorrad gefunden hätte. Er meinte nein, aber der Mülleimer wäre repariert! Na, hat doch gut funktioniert, oder?

Spät abends auf einem Parkplatz in der Stadt. Die Parkgebühr beträgt acht Euro. Ich habe aber nur noch drei Euro in der Tasche. Durchsuche das Auto in der Hoffnung, irgendwo liegt noch Geld. Nichts! Zu spät, jemanden anzurufen. Ich werde furchtbar nervös und bitte die Engel um Hilfe. Sie sagen mir, ich solle die Parkkarte wieder aus dem Automaten nehmen, vor die Schranke fahren, die nicht bezahlte Karte einstecken. Sehr merkwürdig, aber ich folge der inneren Stimme. Und: Die Schranke geht tatsächlich hoch! Das war eine Riesen-Erleichterung!

Mal wieder auf der Autobahn. Ich fahre auf der mittleren Spur. Der Verkehr ist dicht, aber fließend. Neben mir schert plötzlich ein weißer PKW aus. Er kommt mir gefährlich nahe, sieht mich nicht. Ich hupe verzweifelt, da ich nicht nach links ausscheren kann. Dann endlich sieht er mich, fährt wieder in seine Spur und winkt mir verzeihend zu. Ich sah ein freundliches Gesicht. Nach dem ersten Schreck erkannte ich, dass die Engel mich so darauf aufmerksam machen wollten, achtsamer beim Fahren zu sein. Danke, ihr Lieben.

Im Urlaub wurde mir gesagt, hier könne man sehr gut per Anhalter fahren. Puh, einmal probiert, mit 12 Jahren. Scheu hob ich den Daumen. Da ich nicht so gerne mit jemandem mitfahre, den ich nicht kenne, bat ich die Engel: „ Bitte schickt mir eine sichere Mitfahrgelegenheit! Danke!“

So geschah es dann immer, dass ich sehr nette und sichere Autofahrer bekam. Einmal fuhr ich mit einer Bekannten auf diese Art und Weise. Aber: Dieser Fahrer raste! Meine Bekannte und ich bekamen etwas Angst. Sie meinte: „Der muss aber einen guten Schutzengel haben.“ Daraufhin meinte ich: „ Ja, er hat jetzt zwei, uns.“ Dies löste bei ihr einen Lachanfall aus. Übrigens kamen wir gut an.

Dies war mein Erleben mit den Engeln und ist nicht zur Nachahmung empfohlen!

Botschaft für dich

Die Engel gaben mir folgende Botschaft für die Leser/innen durch: „Erwachet, ihr Kinder der Erde. Werdet zu Menschen, holt die Menschlichkeit wieder zurück in Euer Leben. Verschenkt ein Lachen, lächelt euch selber zu, berührt die Herzen eurer Mitmenschen. Wenn ihr euch traut, berührt ihre Körper mit Vertrauen. Lasst die Menschlichkeit wieder in eure Umgebung fließen. Legt die Täuschung ab, die Illusion, Maya, und sehet, ihr seid nie getrennt gewesen von Gott."

Engel in Menschengestalt?

Wie oft ist es dir schon passiert, dass dir jemand geholfen hat und du zu ihm sagtest: „Du bist ein Engel!“ Mein Glaube ist, dass Engel auch vorübergehend in Menschengestalt schlüpfen, um uns zu helfen.

Ich wollte zu einem Seminar fahren und wusste, dass ich auf dieser Strecke schon einmal in ein Schneegebiet gekommen bin. Da wir damals noch einen Familienwagen hatten und ich nur fuhr, wenn mein Mann zu Hause war, hatte ich wenig Fahrpraxis. Dementsprechend war ich nervös und unsicher. Als ich gerade aus der Einfahrt heraus war, setzte sich ein Laster vor mich. Meine Gedanken: Das wird schleichend bis zur Autobahn, muss das jetzt sein? An der Ampel stieg der Fahrer des Lkws aus und zeigte mir, ich hätte kein Licht angemacht. Es war früh und noch dämmerig. Er bekam von mir ein herzliches Danke, und er signalisierte mir, als ich das Licht anmachte, dass alles in Ordnung sei. Weiter fuhr ich hinter ihm her. An einer Ampel musste ich links abbiegen, und er fuhr geradeaus, winkte mir nochmals freundlich aus dem Fenster zu. Für mich war dies ein Zeichen, dass die Reise gesegnet ist und ich mir keine Gedanken machen musste. Körper und Geist entspannten sich und ich genoss eine sichere Fahrt. So schickte Gott mir einen Engel in Menschengestalt.

Auch glaube ich, dass es Engel gibt, die inkarniert sind. Schaue dich doch einmal in deinem Umfeld um. Vielleicht ist einer in deiner Nähe oder du bist sogar selbst einer! Höre wieder auf deine Intuition und du wirst uns erkennen!

Engelklang

Eines Nachts wachte ich halb auf. Ich hörte einen wunderschönen Gesang im Raum. Diese „Klänge“ oder diesen „Gesang“ kann man mit Worten gar nicht erklären. Dann erkannte ich innerlich, dass die Engel an meinem Bett sangen.

Manchmal singe ich auch im Schlaf unbekannte Melodien. Doch sobald der Verstand einsetzt, ist der „Zauber“ vorbei! Leider.

Bitte probiere auch dies aus: Bitte die Engel vor dem Schlafengehen, an deinem Bett zu singen. Freue dich auf den Schlaf und höre! Es wird für dich ein wundersames Erlebnis sein.

Eine weitere Übung für dich und deine Engel

Stelle dich in den Garten oder in deiner Wohnung aufrecht hin. Schließe die Augen und bitte die Engel, dich in ihren oder Gottes Lichtstrahl zu stellen. Sei im Licht der Engel, fühle dich eingehüllt in diese Lichtstrahlschwingung. Spüre! Dabei darf auch eine Reinigung und Energetisierung deines Körpers geschehen. Vielleicht kannst du das Licht auch sehen – vor deinem innerem Auge – oder bei geöffneten Augen. Danach bedanke dich und erde dich unbedingt!

Engelsegen

In der Kirche wird oft der Segen von einem Pfarrer ausgesprochen. Da ich aus der Kirche ausgetreten bin, kam ich auf die Idee, die Engel um ihren Segen zu bitten. Dazu entspanne ich mich, nehme die Arme nach oben, drehe die Handinnenflächen nach oben, bitte um den Engel-Segen und empfange ihn. Dies beruhigt mich sehr und ich fühle mich eingehüllt.

Ein kleiner Junge fragte mich zu dieser Übung: „Darf ich auch die Engel segnen?" Natürlich! Er tat es und meinte, dies wäre auch sehr gut für die Engel und sie würden sich wohl fühlen.

Vertrauen lernen

Meine Engel lehrten mich auf folgende Weise, ihnen und meinem inneren „Hören“ zu vertrauen: Urlaub in Frankreich in einem Studio.

Bei Ankunft bricht der Schlüssel an der einzigen Eingangstür ab. Ich konnte nur von innen abschließen. Zumindest nachts.

Leider reparierte niemand in meiner ganzen Urlaubszeit das Schloss. Am ersten Morgen bat ich einen Nachbarn, auf das Studio zu schauen, ich wollte etwa für eine Stunde ans Meer. Diese Hilfe erbat ich mir auch noch am zweiten Tag. Dann wurde es irgendwie lästig. Meine innere Stimme sagte: „Was lehrst du in deinen Seminaren und Engelvorträgen: Vertrauen. Wie wäre es mit: Umsetzen?

Also gut, dachte ich. Das stimmt. Vertraue ihnen. Einige meiner Lieben sagten mir vor meiner Reise: „Achte auf dich.“ So. Da stand ich nun. Vertrauen und auf mich achten. Dieses Bewusstsein brachte mich zum Lachen.

Dann beschloss ich, die Engel zu bitten, auf das Studio aufzupassen. Meine Papiere nahm ich immer mit, nachts schloss ich ab. So dachte ich, Vertrauen - Achten, alles passt. Durch diesen Kompromiss fühlte ich mich sicher und geborgen, und die ganze Urlaubszeit hindurch passierte nichts! Vor meiner Unterkunft standen Stühle, und auf einem nahm ich immer einen Engel wahr. Eines Morgens stand ein Stuhl ganz anders da, ich hatte ihn nicht so hingestellt. Niemand konnte mir sagen, wer diese eine Nacht da war. Ich wusste es: ein weiterer Engel!

Von mir noch einmal einen herzlichen Dank an die Engel für dieses Erleben und Lernen!

Kinder und Engel

Oft haben Kinder einen viel natürlicheren Umgang mit den Engeln. Hast du schon einmal beobachtet, wie ein Kind einfach nach oben schaut und lächelt? Du siehst nichts. Oder ein Kind spielt mit imaginären Spielkameraden. Leider verlieren sie diesen Zugang im Laufe der Zeit durch Erziehung, Kindergarten, Schule und durch uns alle. Denn wer erlaubt schon seinen Kindern, mit den Engeln zu sprechen!

Ich war früher auch nicht anders! Heute sagt mir mein Sohn, er hätte gedacht, er sei nicht normal! Wenn Kinder auf die Welt kommen, haben sie noch die „Erinnerung" und den natürlichen Zugang zum Urgrund.

Als ich bei der Post warten musste, kam eine Mutter mit ihrer Tochter im Kinderwagen hinein. Die Kleine war ungefähr drei Jahre alt. Sie schaute mich an, lächelte und zeigte mit dem Zeigefinger nach „oben". Eine nette Geste, die von mir verstanden wurde. Von dir auch?

Meinen Nichten zeige ich oft „Wolkenengel". Wir schauen nach oben und entdecken in den Wolkenformationen Gesichter, Flügel oder Engellichter. Das ist eine schöne Übung für die Kinder. Manchmal sehen sie auch „etwas" im Raum. Leider wird das von den Erwachsenen weggeredet und das Kind nimmt seine Gaben zurück oder bekommt Angst. Wenn sie älter werden, erinnern sie sich wieder an ihre Gaben aus der Kindheit und versuchen, sie wieder in ihr Leben zu integrieren.

Warum?

Die Engel sind gekommen, uns wieder die Liebe Gottes spüren zu lassen, uns zurückzuführen in seine Liebe. Verbindung statt Trennung.

Lasst uns die Liebe Gottes wieder auf die Erde bringen!

Bist du bereit, das Licht wieder in dein Leben zu bringen, es wieder zu entdecken, bist du ein/e Lichtträger/in?

Du wirst wieder den Mut bekommen, das Licht auch sichtbar für andere scheinen zu lassen. Du veränderst dich und trägst so dazu bei, eine bessere Welt zu schaffen. Beginne mit deiner nächsten Umgebung. Verzeihe dir und anderen, liebe dich und andere, tröste dich und andere, gib dir Mut und den Anderen. Es gibt so viel zu tun! Beginne! Jeder von uns kann es! Lasst uns die Liebe Gottes wieder zurück auf die Erde bringen.

Die Liebe zu unserem eigenen Sein, egal, wie es ist. Die Liebe, die JA sagt zu allem, was ist. Sage JA zu dir und es wird dir leicht fallen, zu deinen Mitmenschen, zur Natur, zu Situationen JA zu sagen. Spüre diese wunderbare Energie der Engel. Alles wartet auf dich, bis du bereit bist, zu schauen, zu fühlen.

Dann weitet sich die Liebe aus, wird zur Akzeptanz.

Die Engel warten darauf, mit dir zu gehen, deinen Weg zu ebnen, dich zu führen, in vollkommener Hingabe zu Gott und zu dir, denn sie lieben dich.

Diese Liebe ist frei. Du brauchst dich nicht zu verstecken mit all den Dingen, von denen du denkst, sie würden Gott oder die Engel schockieren.

Du brauchst keine Maske.
Alles ist in der Akzeptanz.
Spüre einmal hinein:
Alles!

Erlaube den Engeln, dich wieder zurückzuführen. Bedingungslos!

Engel der Meere

Ohne irgendwelche Bedingungen nehmen dich die Delfine an. Schauen dir mit ihren wunderschönen braunen Augen mitten in dein Herz, tief. Schauen deine Seele und sagen ja zu dir. Ruhig und gelassen mit einem magischen Lächeln erblicken sie dein Sein. Laden dich ein, ihre Energie zu erleben. Manchmal ruhig, manchmal spielend, ein anderes Mal neckend. Ihr einzigartiger Ruf berührt für immer dein Herz. Nie vergessend Ihre Gegenwart.

Der Augenblick wird zur Ewigkeit.

Für mich sind die Delfine die Engel der Meere.

Nach meiner ersten Reiki-Einweihung nahmen die Delfine Kontakt zu mir auf. Dies geschah über meine Träume. Im Schlaf ist der Mensch so entspannt, dass er aufnahmefähiger für feinstoffliche Energien ist.

Ich erwähnte schon, dass mein Schutzengel ein Tier ist, also ein Delfin. Immer, wenn ich eine spirituelle Energieebene abgeschlossen habe, träume ich von diesen Wesen. Es ist ein schönes Zeichen für mich, rührt mich zu Tränen und lässt mich aufbrechen zu neuen Zielen.

In den Träumen kann ich sie fühlen, berühren, zu ihnen ins Wasser gehen. Morgens merke ich dann, dass sich meine Energie höher anfühlt, und ich wache glücklicher auf, freue mich auf den Zauber des Tages.

Manche Menschen werden regelrecht von den Delfinen gerufen und wissen nicht warum. Diese hoch entwickelten

Wesen finden immer einen Weg, mit uns in Kontakt zu treten. Auch mir ging es so.

Die Sehnsucht zerrte an meinem Herzen, stark und manchmal kaum auszuhalten. Bilder, Visionen und das übermächtige Gefühl, etwas zu verpassen. Als wäre die Zeit bald nicht mehr da. Ihr Rufen: „komm“ – präsent, lockend und fordernd! Manchmal brach ich in Tränen aus, konnte es kaum noch aushalten. Da war etwas, was mich tief aus dem Urgrund meiner Seele rief.

Und ich folgte meinem Seelenruf.

Vor drei Jahren erfüllte ich mir den langersehnten Traum, mit ihnen auf dem offenen Ozean zu schwimmen. Erlebnisse, die immer einen besonderen Stellenwert in meinem Leben haben werden. Die Augenblicke mit ihnen sind jeden Tag gegenwärtig, verzaubern mein Sein mit einem tiefen Lächeln, einem Verstehen. Ich sehe sie vor mir, in mir. Einen Teil, der zu mir gehört.

Nur wer die Sehnsucht kennt, weiß, was ich leide.
Allein und abgetrennt von aller Freude
schau ich zum Firmament nach jeder Seite,
ach, der mich ruft, ist in der Ferne
– es brennt in mir ein Feuer –
Nur wer die Sehnsucht kennt,
weiß, was ich leide.

Erster Kontaktaufbau

So kannst du den Kontakt zu den Delfinen aufbauen:

Gehe in die Meditation, wie, weißt du ja schon. Bitte innerlich die Delfine zu dir. Warte ab. Wenn sie kommen, merkst du es. Lasse dich von ihnen führen, lasse den Verstand dabei ruhen. Diese Wesen machen das schon. Bleibe bitte dabei in deinem Herzen, verbinde dich über die Liebe mit ihnen!

Wenn du mit einigen Menschen meditierst, und ihr habt das Interesse, die Delfinenergie zu spüren, könnt ihr ein Delfin-Energiefeld aufbauen. Denkt alle einfach an die Delfine, verbindet euch im Herzraum mit ihnen. Dann schaut, auf welche Art und Weise ihr die Delfine spüren dürft, dabei kann es bei jedem anders sein.

Eure Schwingung wird mit der Kontaktaufnahme erhöht.

Delfin-Einweihung

Bei einer Engel-Meditation im Jahre 2004 weihten mich die Delfine das erste Mal in ihre Energie ein, ein zweites Mal im Jahr 2006 nach einer Reise zu ihnen.

Die Delfin-Einweihung ist eine Entwicklungs- und Heilenergie.

Die Delfine baten mich, die erste Delfin-Einweihung, die sie mir schenkten, bekannt zu geben:

Meditative Stimmung aufbauen. Gehe mit der Aufmerksamkeit in das Dritte Auge. Es liegt zwischen den Augenbrauen, in der Mitte der Stirn, und bitte die Delfine, dich in ihre Energie einzuweihen.

Drei Delfine werden da sein. Sie stehen mit der „Stirn" nach vorne, sind wie ein Dreieck formiert. Die Spitze des Dreiecks zeigt nach oben. Die Farbe ist zart lila, in der Mitte des Dreiecks entsteht ein weißer Punkt.

Die Delfine werden mit der Schwanzfluke die Energie auf dein Stirnenergiezentrum bringen. Du wirst es genau spüren. Es entsteht eine starke, warme Energie, ein Wirbel.

Manchmal bringen sie das Dreieck in ihren „Mäulchen". Das sieht lustig aus, diese Wesen sind nun einmal sehr verspielt.

Wenn du nichts wahrnimmst, ist es vielleicht noch nicht „dran" für dich.

In den Händen entstehen Energiewirbel, die eine Art Heilkraft haben, die nun immer bei dir ist. Deine Schwingungs-Energie-Frequenz ist erhöht worden. Gib deinem Körper ein wenig Ruhe, damit er sich an die neue Energie gewöhnen kann.

Gehe bitte sorgfältig mit der Heilkraft um!

Bitte bedanke dich nach der Einweihung.

Nach der Einweihung sah ich bei den Menschen, dass ihre Augen heller und strahlender waren.

Auf meiner CD ist diese Einweihung etwas anders, die Wirkung ist die gleiche.

Es gibt noch eine zweite Einweihung, die mir die Delfine übermittelten. Auf Anfrage kannst du sie bei mir erhalten.

Aktivierung der positiven Eigenschaften der Delfine

Meiner Erfahrung nach geben die Delfine durch die Einweihung ihre positiven Eigenschaften weiter. Wenn du dich beobachtest, kannst du sie wahrnehmen:

Freundlichkeit – allen Lebewesen gegenüber

Akzeptanz – Lebenssituationen, Menschen und vor allem deinem Körper gegenüber

Berührungen – vermehrt zulassen können

Liebe – zu dir und zu allem, was ist

Verbundenheit mit dem Urgrund – Verbindung zu Gott und zu Menschen, zur Natur. Du wirst lernen, die Natur wieder in all ihren Facetten zu lieben, Regen genauso wie Sonnenschein, Sturm genauso wie einen zarten Windhauch an deinem Körper, Wärme genauso wie Kälte.

Vertrauen – hier erlebe ich bedingungsloses Vertrauen, zum Leben, zu Tieren, zu Menschen.

Freundschaft – eine Freundschaft, die gibt, ohne zu erwarten, sie ist einfach und natürlich. Und: Sie lässt los, lässt den Anderen frei.

Ausgelassene Heiterkeit – ohne Bindung an Erlebnisse. Ein Lächeln- wird dich sehr oft begleiten, tief aus dir selbst heraus!

Glückseligkeit, die aus all den Eigenschaften entsteht

Harmonie – mit dir und mit allem, was ist. Du strebst immer öfter danach, Harmonie in deinem Leben und Umfeld entstehen zu lassen.

Weisheit – du denkst auf einmal anders. Bekommst vielleicht in deinen Träumen tieferliegende Botschaften; fühlst dich angebunden an die höhere Intelligenz.

Telepathische / hellseherische und heilende Fähigkeiten – können sich einstellen

Achtsamkeit, Sensibilität

Bist du einmal eingetaucht in die Welt der Delfine und denkst an sie, werden sie dich immer begleiten. Egal wo du dich befindest, tauchen sie auf.

In einem Reiki-Kreis, bei einem meditativen Singen, berichtete eine Frau, sie hätte in der Mitte unseres Kreises zwei Delfine springen gesehen. Sie war so gerührt und überwältigt, dass sie weinte – aus tief gespürter Liebe.

An einem anderem Reiki-Abend hielten wir uns alle an den Händen gefasst. Die Energie war wunderbar. In der Mitte des Kreises tauchten plötzlich zwei Delfine auf. Sie übermittelten: „Bitte sendet uns und dem Meer Energie." Danach sprangen Sie übermütig und fröhlich herum. Einige der Teilnehmer/innen nahmen sie auch wahr. Anscheinend lieben sie unsere Treffen. Wir sind dann viel aufnahmefähiger und sensibler, ihre Anwesenheit zu spüren, und so haben sie es leichter, den Kontakt aufzunehmen.

Die Delfine lehren und führen dich auf unbewusster Ebene, lassen dich die Liebe und ihre Eigenschafen spüren, integrieren sie in dein Sein.

Das geschieht oft unbewusst und es liegt an deiner Aufmerksamkeit, ihre Lehren in deinem Leben zu entdecken.

Tiefe des Seins

Die Delfin-Energie bringt dich leicht in das höhere Energie-Wissen des Universums und noch weiter in die Tiefe deines Seins.

Delfine in Träumen sind ein Zeichen für das Christuslicht. Sie sind Boten der Weisheit. Mit ihrer Hilfe kannst du Blockaden in deinem Körper auflösen. Bitte um die Energie und lege dir einfach die Hände auf die betreffende Stelle. Ihre Energie wirkt sich auch auf der geistig-seelischen Ebene aus.

Die einzigartige Friedfertigkeit dieser Lebewesen fasziniert mich immer aufs Neue. Sie strahlen Freundlichkeit aus, nehmen jeden Menschen so an, wie er ist. Ihr Spieltrieb ist einfach nicht zu überbieten, und es ist herrlich, sie anzuschauen. Ihre wundersamen Augen blicken dir bis in den Seelengrund, erkennen dich und heilen alles, was der Heilung bedarf. Ihre Energie schwingt, ist in der Begegnung auf dem Ozean vollkommen im Körper zu spüren. Sie nehmen das Leben einfach so an, wie es ist. Vorbehaltlos, fröhlich, im Einklang mit ***allem***.

Ihre Liebe ist tief in ihnen und sie lassen jeden daran teilhaben. Sie beschränken ihre Liebe nicht, lassen sie offen und ehrlich fließen. Dadurch wird ihr Sein leicht und ist im Fluss des Lebens. Ein Wenn und Aber gibt es bei ihnen nicht. Sie geben sich die Freiheit des Erlebens.

Kannst du dir vorstellen, so vorbehaltlos zu lieben?

Ich weiß nicht, ob durch die Einweihung diese positiven Eigenschaften mit übertragen werden, aber mit Sicherheit werden sie aktiviert. Also, wenn du die Einweihung bekommen hast, schaue auf dein Leben. Übrigens ehren viele Völker die Delfine und die Wale in alten Riten. Was mich auch an ihnen fasziniert ist ihre Harmonie. Da sie gleichgesinnt sind, stärken sie sich auch gegenseitig und kommen so in eine tiefe Harmonie miteinander. Das wiederum stärkt die Gruppendynamik.

Als Menschen müssen wir sehr oft Gleichgesinnte erst einmal suchen, um auch über bestimmte Dinge reden zu können oder uns auszutauschen. Da haben es die Delfine schon leichter.

Emotionen der Delfine

Diese Wesen haben auch ihre Emotionen, auch innerhalb ihrer Gruppe. Manchmal beißen sie sich. Ich durfte es bei einem Bootsausflug beobachten. Einige Fleckendelfine surften spielerisch in der Bugwelle des Bootes. Da war wohl ein Delfin zu lange in diesem Spiel und ein anderer schubste ihn sanft, aber bestimmt aus der Bugwelle und surfte leidenschaftlich selber. Das war ein leichtes Erleben, aber man kann auch manchmal Bissspuren auf ihren Körpern sehen. Bemerkenswert, dass diese hochentwickelten Wesen auch ihre Emotionen ausleben. Der Unterschied zu den Menschen liegt darin, dass sie trotzdem in vollkommener Liebe handeln. Über die Emotionen haben wir wieder eine Verbindung zu ihnen und dürfen lernen, auch dazu ja zu sagen und in der Liebe zu bleiben.

Wenn es bei den Delfinen so gut funktioniert, dann auch bei dir.

Eine ihrer Botschaften lautet: „Nimm dich an, wie du bist. Sei du selbst."

Als ich einmal bei einer Segelpartie war, begegneten uns die Tümmler. Herrlich. Der Kapitän wendete immer wieder, um seinen Gästen weiterhin die Delfine zeigen zu können. Ich empfing: „Ein Delfinbaby ist gestorben, wir trauern. Bitte lasst uns in Ruhe." Meine Augen schauten zu dem Kapitän, den ich schon lange kenne. Er verstand sofort, wendete das Boot und ließ sie in Ruhe. An diesem Tag war auf dem Ozean eine bedrückte Stimmung zu spüren. So trauerten wir mit ihnen. Ich weiß nicht wie lange!

Trance

Ein anderes Mal waren ungefähr 100 Fleckendelfine um das Boot herum. Sie begleiteten uns und versetzten jeden der Menschen an Bord in tiefe Trance. Zeit war relativ. Nichts mehr zählte als das momentane Erleben. Alles andere war wie ausgelöscht. Ein Zustand, der sehr wundervoll ist.

Dies erlebe ich immer, wenn ich ihnen in der Natur begegnen darf. Dann treten Fragen auf wie: „Was möchte ich vom Leben? Bin ich das wirklich, was ich jetzt fühle? Ist mein Weg noch der Richtige? Was ist wirklich wichtig im Leben?“ Die Antworten kommen dann tief aus dem Inneren und führen, verändern.

Dann geschicht Heilung auf allen Ebenen.

Du wirst fragen: „Wie geht das im normalen Arbeitsleben?“ Wahrscheinlich kaum aufrechtzuerhalten! Aber warum nicht in der Meditation, um den Alltag besser und präsenter zu leben? Warum nicht mehr Leichtigkeit, Gemeinsamkeit anstatt Mobbing in das Arbeitsleben bringen. Warum alles so schwer machen, wenn wir durch eine freundliche Handlung, ein Lächeln und Ruhe alles in eine sanftere Form bringen können?

Perfekte Wesen

Stelle dir einmal den Körper eines Delfins vor. Perfekt an das Element Wasser angepasst. Die Bewegungen leicht, harmonisch, geschmeidig, fast schwebend. Seine telepathischen Fähigkeiten und Visionen können zu dir vordringen, egal wo du lebst. Genauso wie mit den Engeln kannst du zu diesen zauberhaften Wesen Kontakt aufnehmen.

Sie leben im vollkommenen Hier und Jetzt – eine Eigenschaft, die wir uns in unserem Leben erst einmal „erarbeiten" müssen. Ihre Gedanken kreisen nicht um gestern oder morgen. Vollkommenes präsentes Sein! Auch überlebenswichtig für die Delfine. Sie sind zärtlich und achtsam miteinander. Jagen gemeinsam und helfen sich.

Das Wesen der Delfine liegt in ihrer Heiterkeit, ihrem Spiel, in der Harmonie mit allem, der sanften Bewegung, im Tanz des Lebens, in Verbundenheit.

Sie leben das, was im Moment da ist und einfach dazugehört.

Da sie alle Eigenschaften leben, sind sie für mich Wesen mit engelhaften Zügen – genauso wie wir Menschen.

Lasse dich wieder von ihnen in das Ganze zurückbringen, lerne wieder zu lachen, zu spielen. Bewege dich wieder sanft, nicht hektisch. Genieße beim Gehen die Berührung mit Mutter Erde. Höre wieder auf dein Inneres. Fühle mit deinen Mitmenschen, hilf ihnen, wenn du darfst. Spüre das innere Kind in dir, das einfach einmal hüpfen oder lachen möchte.

„Denke im jetzigen Moment, denn er kommt nie wieder!"
„Genieße das Leben mit jedem Atemzug vollkommen im Hier und Jetzt."
„Lebe wieder ein menschliches Leben!"
„Lebe wieder ein Leben in Verbundenheit mit dem Urgrund."

Delfine, Engel der Meere
Sanft zu dir und zur Sphäre
Spielend das Leben ehrend
Innig, bewegend
Leuchtende Augen im Urgrund
Annehmen des Himmels und der Erde

Entspannung

Wenn du nicht genau weißt, ob du eher Zugang zu den Engeln oder zu den Delfinen hast, kann dir folgende Übung helfen:

Lege dich bequem an einen ruhigen Ort hin. Schließe deine Augen und atme ein paar Mal tief ein und aus. Richte deine Aufmerksamkeit auf das Herz. Stelle dir vor, wie du es mit Licht füllst. Werde ruhig und bitte um Führung. Bleibe mit der Aufmerksamkeit im Herzraum. Bitte dann die Engel und die Delfine, den Kontakt zu dir aufzubauen. Schaue einfach, in welcher Form diese Wesen zu dir kommen. Ist es zuerst ein Delfin oder ein Engel, oder sind es beide? Lasse dich führen und vertraue. Danach atme ein paar Mal tief ein und aus und komme wieder in das Tagesbewusstsein zurück.

Es kann natürlich auch sein, dass bei deinen Meditationen immer Engel und Delfine sind. Genieße es und freue dich darüber. Mir geht es auch öfters so.

Sommer 2007

Im Sommer 2007 war es endlich soweit, dass sich mein langersehnter Traum erfüllte und ich mit den großen Tümmlern schwimmen durfte.

Schon vor den Bootstouren war ich in der Schwingung der Delfine. Menschen sprachen mich darauf an. Eine Trance und ein Wohlgefühl, etwas „Kribbeliges“ breitetet sich in mir aus. Zuerst sahen wir den Walen zu. Hörten ihren wundersamen Blas und über ein Unterwassermikrofon ihre „Klicks“. Es war bezaubernd und sehr beruhigend.

Dann kamen die Rissos – Rundkopfdelfine – in Sicht. Ich durfte, nachdem ich sie auf mentale Weise gefragt hatte, zu ihnen kommen. Vorsichtig glitt ich in das Wasser. Wie Engel glitten sie an mir vorbei und unter mir her. Vor der Bootstour kam der „Auftrag“, ich solle für die Rissos singen. Das tat ich auch, vorerst aber schluckte ich dabei gut salziges Meerwasser und verschluckte mich ordentlich. Dann klappte alles sehr gut und sie hörten meinen Gesang.

Als sie genug hatten, schwammen sie davon, aber eines dieser Wesen blieb, schaute mich mit seinen warmen Augen an, wendete sich mir zu und begann eine Unterhaltung mit mir. Er „piepste“, ich antwortete ihm in meiner Sprache. Das ging so lange, bis ich begriff, dass ich auch so wie er reden sollte. Na, und dann legte ich eben meine Worte und Gefühle in diese Risso-Sprache hinein.

Auf späteren Ausflügen begegnete ich immer wieder diesem Risso, der offensichtlich Freude daran hatte, mit Menschen in Kontakt zu treten. Dann fachsimpelten wir auf dem Boot, was wir wohl als nächstes sehen würden, und ich meinte: „die Tümmler, mit ihnen bin ich noch nie geschwommen.“ „ Na, seht ihr schon etwas?“ „Ja.“ „Was?“ „Natürlich die Tümmler, so wie du es dir gewünscht hast.“ Welch eine Freude! Ich war ganz gerührt. Der Kapitän meinte, ich solle ins Wasser gehen. Langsam glitt ich wieder in das Wasser hinein und sah endlich meine Tümmler. Majestätisch, wie in tiefer Trance schwammen sie unter mir. Sie waren so ruhig, so voller Frieden und Harmonie. Ihre schönen Körper von so nah zu sehen, ihre Gegenwart zu fühlen, was für ein Geschenk Gottes! Welch wunderbare Wesen erschuf er. Und ich wusste: Auf dieses Erlebnis habe ich mein ganzes Leben lang gewartet! Innerlich übermittelte ich ihnen: „Wo wart ihr nur so lange, ich habe euch so vermisst!“ Tiefe Ergriffenheit erfasste mich. Sie einmal so zu sehen … !

Das Wasser war ruhig und klar, die Abendsonne spielte ihre Farbnuancen im Wasser. Der Atem ruhig und gelassen, genießend, erkennend – so lange gewartet!

Auf der Rückfahrt lösten sich Tränen, Tränen der Freude, des Wiedererkennens. Die tiefe Trance hielt noch einen Tag an. So tief habe ich sie noch nie erlebt. Anscheinend habe ich eine besondere Verbindung zu den Tümmlern.

Während ich dies schreibe, fühle ich mein Herz, und Frieden und tiefe Liebe erfüllt mich ganz. Etwas hat sich nach diesem Erleben und nach dieser Zeit auf der Azoreninsel verändert. Was? Das darf ich noch fühlen, erfahren. „Sie werden es mir schon sagen.“

Welch ein Wunder,
sehend, fühlend in ihrer Mitte,
aufgenommen, erkennend
*die Gemeinsamkeit **der Liebe**.*

Engel und Delfine helfen dir, dich wiederzufinden. Das zu entdecken, was du wirklich bist. Habe den Mut, den Weg, deinen einzigartigen Weg zu gehen.

Schutzengel mein,
begleite zart
meine Lebensart. Hüte mich,
bewahre mich,
führe mich
durch den Tag.
Singe lieblich
in der Nacht,
die Träume bewacht.
Lichtvoll begleite mich.

Lebensbegleiter
sind Engel
führen und schützen
Delfine das Sein
berührend und liebend
beides gleich
im Lebenshauch
führend in Sanftmut
zum Urgrund zurück –
in Gottes Schoß.

Traurigkeit erfüllt mein Herz.
Sehnsucht nach Menschlichkeit.
Einen Menschen verloren.

Warum?
Engelsklang und Delfingeflüster
holen mich,
flüstern – löse dich!
Sei frei und liebe alles,
auch wenn das Herz schreit.
Licht kommt und erfüllt das Sein.

Unruhe, ein Auf und Ab,
durcheinander und doch:
das Engelsgeflüster:
Alles ist in Gottes Ordnung.
Ruhe und Wissen tritt ein ins Herz.

Im Namen Gottes sind sie unterwegs,
lieblich berührend den Seelengrund,
begleitend des Lebens Sein,
behütend dein zartes Herz.

Nachwort

Für mich sind Engel Wesen, die Mittler zwischen Gott und uns sind. Rein und klar.

Delfine haben Engelszüge. Engel der Meere. Sichtbar für uns. Durch ihr ganzes Spektrum des Lebens mit allen Seiten haben sie hier eine Verbindung zu uns Menschen.

Beide, Engel und Delfine, haben den Menschen etwas zu sagen:

„Höre!"

„Sieh das Licht und lebe es!"

„Finde dein Menschsein wieder."

„Öffne dein Herz, lasse die Liebe wieder fließen."

„Lebe dich."

Und dann: „Gib alles an deine Mitmenschen weiter, sei ein lebendiges Beispiel, hilf, wo du darfst!"

„Stehe auf und spüre jeden Moment deines Lebens."

Vielleicht hat du dich durch das Buch wiedergefunden, dich entdeckt, als das, was du wirklich bist. Vielleicht ist etwas aufgebrochen und du hast den Mut zu sagen: „Ich bin ein Sternenkind, ein Engel." Vielleicht zeigen dir die Kontakte mit diesen Wesen mehr, als du erahnst. Und: Ich lächle jetzt beim Schreiben und nehme dich gedanklich in die Arme, sage: „Du bist perfekt, wie du jetzt bist, traue dich, das zu sein, was du wirklich bist. Gib dadurch anderen den Mut, dies auch zu tun. Wir werden uns finden."

Strahle!

Weit gereist,
mal hoch, mal tief,
gelernt von allem,
wiedergefunden,
im unendlichem Ozean
angekommen.

Über die Autorin

Angelika Arnolds wurde 1960 geboren und schon mit 17 Jahren von einem Inder in die Welt der Spiritualität eingeführt. Diese Kenntnisse ruhten in ihr. Dann heiratete sie 1984 und bekam zwei Kinder. 1990 begann der Weg von Neuem mit der Teilnahme am Yogaunterricht, worauf 1996 die Ausbildung zur Yogalehrerin sowie Ausbildungen in Reiki, Meditation, meditativem Tanz, Lach-Yoga, Pranayama und Mantra folgten. Ihr Weg wurde von zwei wunderbaren spirituellen Lehrern begleitet. Nach 27 Jahren kam wieder der Kontakt zu ihrem ersten spirituellen Lehrer zustande, der bis heute anhält. Die Engel- und die Delfinkontakte kamen hinzu. 2005 erwachte ihre Kundalini.

Frau Arnolds leitet Gruppen, bietet Ausbildungen sowie Einzelberatungen an. Ihr Leben ist geprägt von der Herzenergie und dem tiefen Wunsch, den Menschen Wege zu zeigen, auf denen sie in die Tiefe kommen, zur Quelle des Seins.

Kontakte: angelika.arnolds@arcor.de • Tel. (022 38) 95 86 96

Dieses Buch entstand im Auftrag der geistigen Welt. „Nie zuvor hatte ich ein Buch schreiben wollen. Aber es wurde mir zur Aufgabe gemacht, und das Schreiben floss nur so aus mir heraus. Die Delfine baten mich, die erste Einweihung in ihre Energie bekanntzugeben.

Engel- und Delfinenergie sind beim Lesen des Buches präsent und dürfen so vom Leser aufgenommen werden. Ich sehe dies auch als eine meiner Aufgaben an, mein geistiges Gut auf diese Art und Weise weiterzugeben."

Empfohlene Bücher anderer Meister und Engel im ch. falk-verlag

Meister Hilarion:

Lichtbotschaften des Aufgestiegenen Meisters Hilarion
ISBN 3-89568-116-4
Neue Lichtbotschaften, Gespräche mit Meister Hilarion
ISBN 3-89568-138-5
Meister Hilarion beantwortet Lebensfragen
ISBN 3-89568-161-X

Meister El Morya:

Herzens-Bildung
ISBN 3-89568-146-6
Juwelen
ISBN 3-89568-147-4
Das Lehrerbuch: über das gewaltfreie Unterrichten
ISBN 3-89568-159-8

Meister Saint Germain:

Das Tor zum goldenen Zeitalter
ISBN 3-89568-135-0
Das Tor zur körperlichen Transformation
ISBN 3-89568-137-7
Das Tor zur partnerschaftlichen Liebe
ISBN 3-89568-145-8
Die Schlüssel fürs Tor zum Goldenen Zeitalter
ISBN 3-89568-177-6
Die neuen Wege der Liebe – CD
ISBN 3-89568-163-6
Das Tor der Gnade – CD
ISBN 3-89568-169-5

Meister Konfuzius & Meister Kuthumi:

2012 Der Aufstieg der Erde in die fünfte Dimension
ISBN 3-89568-109-1
Die Seele in den Meisterjahren
ISBN 3-89568-127-X
Ohne Ticket in andere Dimensionen
ISBN 3-89568-158-X
Reise zum Seelenpartner – CD
ISBN 3-89568-122-9
Christuspräsenz und Allmacht – CD
ISBN 3-89568-131-8
Lichtsäulen-Clearing – CD
ISBN 3-89568-157-1

Lord und Lady Meru:

Werkzeuge der Schöpfung
ISBN 3-89568-134-2

Engel:

Erzengel Raffael spricht
ISBN 3-89568-155-5
Erzengel Raffael spricht – CD
ISBN 3-89568-156-3
Im Herzenstempel. Erzengel Raffael spricht – CD
ISBN 3-89568-168-7

Erzengel Jophiel spricht – Buch mit CD
ISBN 3-89568-162-8

Bleakley-Thießen, Die Lehren der Engel
ISBN 3-89568-076-1
Emanuel: Mein Friede, er geht an deiner Seite
ISBN 3-89568-002-8
Emanuel: Die Sieben Schlüssel zur Freiheit
ISBN 3-89568-026-5

Engel:

Melchers, Meditation an der Lichtpyramide
Best. Nr. 2024
Melchers, Meditation an der Lichtpyramide, Bd. 2
ISBN 3-89568-136-9
Mildenberger, Die Seele des Menschen – Seelenmeridiane
ISBN 3-89568-087-7
Müller, Das Schutzengelbuch
ISBN 3-89568-050-8
Solara, Dein Sonnenengel
ISBN 3-924161-52-6
Solara, An die Sterngeborenen
ISBN 3-924161-55-0
Metatron: Dein Engel und du
ISBN 3-924161-22-4
Bouché, Angel Flowers – CD
ISBN 3-89568-111-3
Curs-Lindner, Heilende Seelensterne – Spiel
ISBN 3-89568-166-0
Czajkowski, Mit Engeln spielen – Spiel
ISBN 3-89568-014-1
Zera An, 11:11 Engelkarten – Spiel
ISBN 3-924161-64-X